LAS OLAS DE CALOR

Por Sean Corbett

LIGHTBOX

Entre a **www.openlightbox.com** e ingrese el código único de este libro.

CÓDIGO DE ACCESO

L B W 2 6 3 3 3

Lightbox es una completa solución digital para enseñar y aprender temas curriculares de una manera original e innovadora. Lightbox se basa en las Normas Curriculares Nacionales.

CARACTERÍSTICAS ESTÁNDAR DE LIGHTBOX

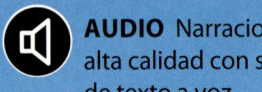 **AUDIO** Narraciones de alta calidad con sistema de texto a voz

 ACTIVIDADES PDFs imprimibles que pueden enviarse por correo electrónico y calificarse

 PRESENTACIÓN EN DIAPOSITIVAS Ilustraciones gráficas de los conceptos clave

 VIDEOS Videoclips de alta definición incorporados

 ENLACES WEB Enlaces cuidadosamente seleccionados con recursos seguros para niños

 TRANSPARENCIAS Capas paso a paso de mapas, diagramas, cuadros y cronologías

 MAPAS INTERACTIVOS Mapas interactivos e imágenes satelitales aéreas

 CUESTIONARIOS Diez preguntas de elección multiple con puntaje automático que se envían por correo electrónico al docente para su evaluación

 PALABRAS CLAVE Combinación de los conceptos clave con sus definiciones

Copyright © 2018 Smartbook Media Inc. Todos los derechos reservados.

Contenidos

Código de acceso a Lightbox 2
Las olas de calor son desastres naturales habituales y letales 4
Una de las principales causas de las olas de calor es la alta presión del aire 6
Las olas de calor no pueden evitarse, pero podemos tomar precauciones para estar seguros 8
En todas partes del mundo hay olas de calor 10
Récords históricos 12
Las olas de calor en los Estados Unidos 14
Las olas de calor son muy comunes en Australia 16
El índice de calor rastrea el calor extremo 18
Datos curiosos 20
Las olas de calor son más peligrosas durante la sobreexposición 22
Las olas de calor dañan las cosechas y los bosques 24
Se solía culpar a la Estrella Perro por las olas de calor 26
Las olas de calor a lo largo del tiempo 28
Pon a prueba tus conocimientos 29
Arma un kit para desastres 30
Palabras clave/Índice 31
Ingresa a www.openlightbox.com 32

Las olas de calor son desastres naturales habituales y letales

Una ola de calor es un período en el que las temperaturas son más elevadas que las usuales en una región. Algunas olas de calor duran solo unos pocos días. Otras, se prolongan por semanas o meses. Ocurren prácticamente en todo el mundo. Las olas de calor han ocasionado miles de muertes. El calor extremo puede aumentar la temperatura del cuerpo humano y el aumento excesivo de la temperatura corporal puede ser **fatal**.

Durante la mayoría de los veranos, se producen olas de calor en diferentes partes de los Estados Unidos. El Servicio Meteorológico Nacional (SMN) utiliza un índice de calor para alertar sobre estos eventos. El índice mide la sensación térmica, que es el calor que siente la gente, teniendo en cuenta la temperatura y la **humedad**. El SMN emite una alerta cuando la sensación térmica superará los 105° Fahrenheit (41° Celsius) por más de dos días seguidos.

Durante una ola de calor en Francia, en el verano de 2013, los turistas usaban paraguas para resguardarse del sol.

En una ola de calor, la gente de las ciudades, como Nueva York, a veces usa las fuentes de los parques para refrescarse.

Una de las principales causas de las olas de calor es la alta presión del aire

La presión del aire es una fuerza que la **atmósfera** envía hacia la tierra. Esta fuerza difiere de un área a otra. En una región, hay períodos con presión más alta y otros con presión más baja. Las olas de calor tienden a ocurrir en las áreas donde la presión del aire es mayor que en las áreas que las rodean. Pero, hay otros factores que también colaboran con las olas de calor, o las empeoran.

CAUSAS DE LAS OLAS DE CALOR

CALOR DEL SOL

- La luz del Sol calienta la Tierra.
- La Tierra está inclinada y rota a medida que se desplaza alrededor del Sol.
- En el verano, la luz solar llega en forma más directa que en cualquier otra época del año. Las olas de calor son más frecuentes en esta estación.

ALTA PRESIÓN DEL AIRE

- La alta presión del aire se llama sistema de alta presión. En los mapas climáticos, esto se representa con la letra H.
- A medida que la alta presión empuja el aire hacia la tierra, el aire se calienta.
- El sistema de alta presión también impide el ingreso de aire frío.

HUMEDAD

- El calor hace que la gente transpire. La transpiración ayuda a que el cuerpo se enfríe.
- El agua de la transpiración se evapora en el aire y hace que la gente se sienta más fresca.
- El aire húmedo ya está lleno de humedad. El agua se evapora lentamente, haciendo que la gente sienta más calor.

CALOR URBANO

- Las olas de calor suelen ser más severas en las áreas urbanas, o ciudades.
- Esto se llama efecto de isla de calor.
- Los materiales como el concreto atraen el calor durante el día y lo liberan durante la noche manteniendo las temperaturas elevadas.

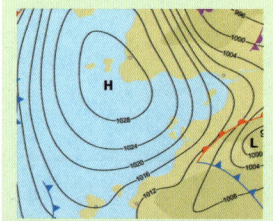

Durante una ola de calor, el cuerpo humano debe trabajar mucho para liberarse del calor y estar fresco, incluso cuando no hay humedad en el aire. Generalmente, el cuerpo pierde calor cuando se exhala aire por la nariz o la boca y se inhala el aire de afuera. El calor también se irradia, o sale, por la piel. Cuando la temperatura del aire es mayor que la del cuerpo, respirar hace que el cuerpo se caliente en lugar de enfriarse. Cuando la temperatura del aire es mayor que la de la piel, la piel captura más calor del que pierde.

Los doctores recomiendan evitar salir a hacer ejercicio físico durante los períodos de calor extremo.

Causas y efectos

10,000–25,000 PIES
Altura de un sistema de alta presión que genera una ola de calor (3.050-7.600 metros)

4% MÁS
Aumento en la cantidad de muertes por olas de calor estivales en los Estados Unidos.

95°F
Temperatura del aire a la que el cuerpo necesita enfriarse transpirando. (35°C)

50°F O MÁS
Diferencia de temperatura entre el aire caliente del verano y las superficies urbanas más calientes, como los techos. (27°C)

LAS OLAS DE CALOR

Las olas de calor no pueden evitarse, pero podemos tomar precauciones para estar seguros

Las olas de calor son eventos climáticos que no se pueden evitar. Pero, la gente que vive en las áreas afectadas, pueden tomar medidas para reducir el riesgo de sufrir problemas de salud. Una primera medida es estar informado. Las estaciones de radio y televisión y los sitios web de noticias informan sobre las alertas que emite el SMN.

Otra de las medidas es mantenerse lo más frescos posible. Los que pueden quedarse en lugares con aire acondicionado, deberían hacerlo. Los que no tienen aire acondicionado en sus casas, deberían ir a algún edificio público refrigerado. Muchas ciudades y pueblos habilitan "centros de refrigeración" durante las olas de calor.

Para los que trabajan, hacen deportes o pasan tiempo al aire libre, es importante beber mucha agua y usar la ropa adecuada. Las gorras protegen la cara. La ropa suelta ayuda a que la transpiración se evapore más rápido. La ropa de colores claros **refleja** la luz del sol.

El cuerpo necesita agua para funcionar correctamente. Beber líquidos ayuda a reponer el agua que el cuerpo pierde con la transpiración.

Es importante aprender a identificar los problemas de salud relacionados con el calor y ayudar a los demás. La **insolación** es una condición que provoca agotamiento y debilidad. Un signo de insolación es el exceso de transpiración. Las víctimas se sienten mareadas. De ser posible, hay que llevar a la persona a un lugar más fresco, aflojarle la ropa y darle de beber sorbos de agua.

El golpe de calor es una emergencia médica severa. La persona que sufre un golpe de calor tiene dolor de cabeza y se siente confundida. Su temperatura corporal es muy elevada y su corazón late muy rápido. La persona corre el riesgo de desmayarse.

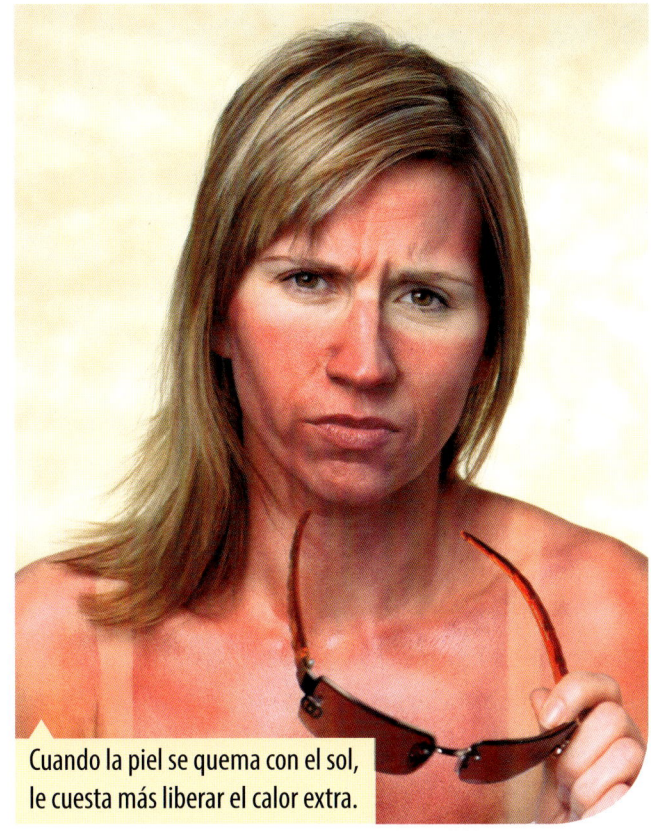

Cuando la piel se quema con el sol, le cuesta más liberar el calor extra.

Las personas con golpe de calor necesitan atención médica urgente.

En todas partes del mundo hay olas de calor

Los desastres relacionados con el calor afectan a muchos países del mundo. En los siglos XX y XXI, las olas de calor han sido particularmente duras en las grandes ciudades. El calor extremo que hizo en St. Louis, Missouri en 1966, cobró la vida de 69 personas. La mayoría de las personas fallecidas vivía en el centro de la ciudad. Una de las razones por las que el área se volvió tan calurosa fue la falta de árboles. Los árboles absorben, o captan, la luz solar.

Durante el mes de agosto de 2003, una gran ola de calor azotó a Europa. En Gran Bretaña y España, hubo temperaturas récord. Francia fue el país con mayor cantidad de víctimas fatales. Las plantas nucleares debieron cerrar porque el agua del río que se usaba para enfriarlas estaba demasiado caliente. Hubo cortes de electricidad y la gente no podía usar las heladeras para hacer hielo, ni podía usar los ventiladores o los aires acondicionados.

La gente colmaba las playas de España para refrescarse durante la ola de calor de agosto de 2003.

En el verano de 2010, Rusia sufrió su peor ola de calor desde que se comenzaron a tomar registros en 1879. La ola afectó a una amplia región del oeste de Rusia y murieron casi 55.000 personas. En Moscú, la capital rusa, se registraron temperaturas superiores a los 100°F (38°C) por primera vez en la historia.

Australia e India tienen un largo historial de olas de calor. En 2003, las temperaturas récord provocaron más de 1.600 muertes en India. En Australia, el verano va de diciembre a febrero. En el verano de 2012-2013, hizo tanto calor que se lo llamó el Verano Furioso. En el verano de 2013-2014, las temperaturas rompieron otro récord.

En 2003, el calor extremo en India acabó con las cosechas, árboles y otras plantas.

CERCA DE 15.000

Cantidad de personas que murieron en Francia durante la ola de calor de 2003.

20–30%

Aumento de las temperaturas promedio de Europa durante el verano de 2003.

772.000 millas cuadradas

Área afectada por la ola de calor de 2010 en Rusia y los países cercanos. (2 millones de kilómetros cuadrados)

156

Cantidad de récords relacionados con el clima que se rompieron en Australia en 2013-2014.

Récords históricos

Las olas de calor son desastres silenciosos. No son violentos como las inundaciones, los huracanes o los tornados, pero el calor extremo que se prolonga durante días o semanas es igual de peligroso para la vida humana. Las olas de calor también pueden causar graves daños a las cosechas y otros bienes.

LA MÁS LARGA
La ola de calor más larga jamás registrada fue en Marble Bar, Australia, desde 1923 hasta 1924. Durante 160 días, las temperaturas alcanzaron o superaron los 100°F (38°C).

LA MÁS CALUROSA
La temperatura más alta registrada durante una ola de calor fue de 134°F (57°C). Fue en el Valle de la Muerte, California, el 10 de julio de 1913.

LA MÁS FRECUENTE

La década con la mayor cantidad de olas de calor se espera que sea la de 2011-2020. Los **meteorólogos** que estudian las tendencias climáticas esperan que el calor extremo de los últimos años continúe en el futuro.

LA MÁS LETAL

La ola de calor del año 2003 en Europa fue la más letal de la historia. Unas 70.000 murieron durante el desastre estival.

Las olas de calor en los Estados Unidos

Todos los estados de EE.UU. sufren olas de calor. Los estados del medio oeste suelen tener olas de calor durante el verano. Una de las peores olas de calor ocurridas recientemente en los Estados Unidos fue en la región del medio oeste. En el este, el calor estival suele combinarse con un alto porcentaje de humedad. El sudoeste es la región que tiene temperaturas de calor extremo más frecuentes.

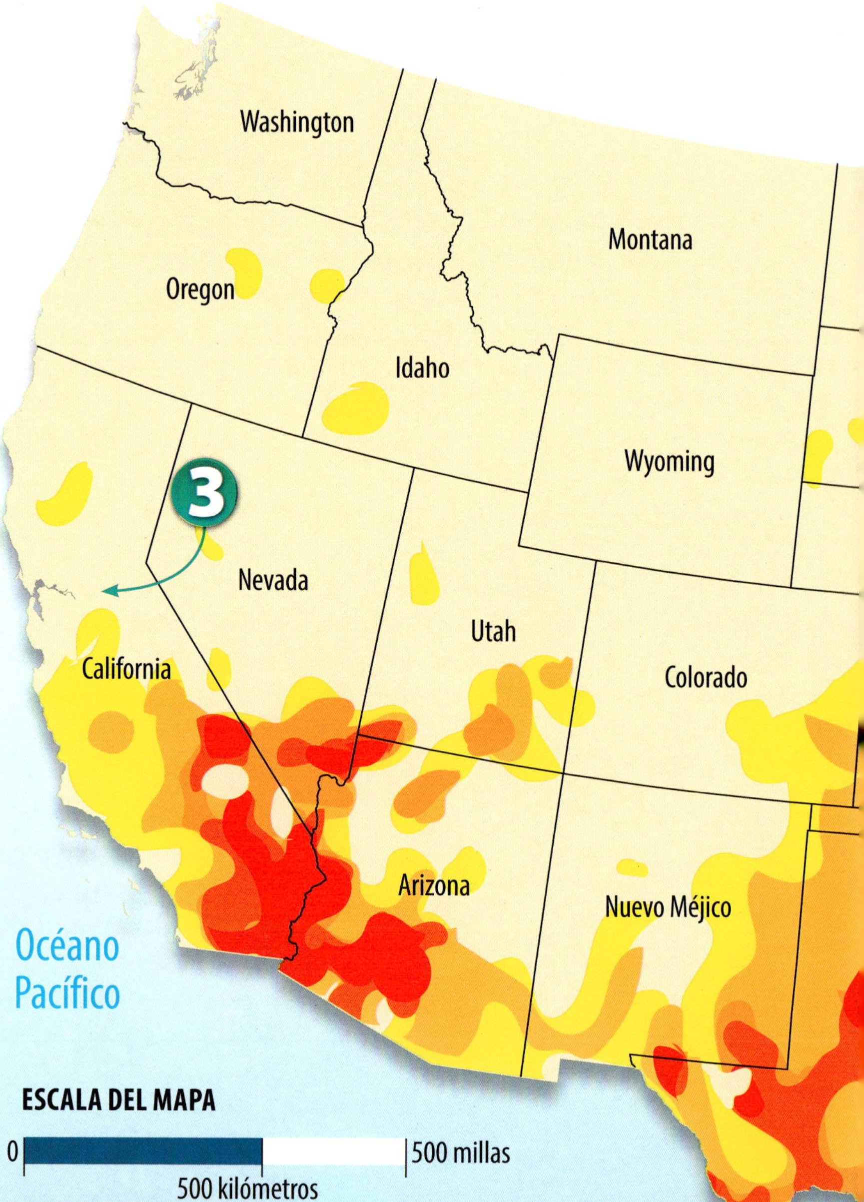

DÍAS DE 100°F (38°C) EN 2011

CANTIDAD DE DÍAS
Más de 70
55–69
40–54
25–39
10–24

ESCALA DEL MAPA

0 — 500 millas / 500 kilómetros

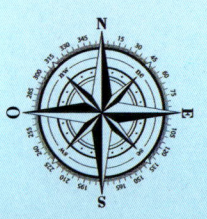

1 — **Lugar:** América del Norte
Fecha: Julio de 1936
Muertes: Más de 5.000
Temperatura récord: 111°F (44°C) en Decorah, Iowa

2 — **Lugar:** Chicago, Illinois
Fecha: Julio de 1995
Muertes: Más de 700
Temperatura récord: 106°F (41°C)

14 LAS FUERZAS DE LA NATURALEZA

LAS OLAS DE CALOR 15

Las olas de calor son muy comunes en Australia

En Australia, el calor extremo mata más gente que cualquier otro peligro natural. Las olas de calor se suelen producir en el mes de enero. En los últimos años, el calor ha derretido el alquitrán de las calles y las botellas de plástico que quedan al sol.

Australia es el segundo continente más seco, después de la Antártida. De todos los continentes con grandes poblaciones, Australia es el que menos lluvias tiene por año. La mitad de Australia recibe, en promedio, menos de 12 pulgadas (300 milímetros) de lluvia por año. Los desiertos cubren gran parte de la región sur y occidental del país.

Las **sequías** son muy comunes en Australia y la falta de lluvias agrava los efectos de las olas de calor. Las principales ciudades costeras también corren peligro. Tienen una gran densidad de población, es decir, mucha gente que vive cerca.

El Consejo Climático, que estudia el clima en Australia, ha encontrado que en el país se están produciendo olas de calor severas cada vez con más frecuencia y que duran más que las olas de calor registradas históricamente.

Los australianos se preparan y toman las medidas apropiadas para combatir las olas de calor. Usan cortinas u otro tipo de elemento que bloquee el paso de la luz del sol durante las horas más calurosas del día. Esto ayuda a que las casas y los edificios se mantengan más frescos. Se recomienda a la gente estar en contacto con los amigos o familiares que puedan correr riesgo. Los trabajadores de la salud están listos para responder rápidamente a las emergencias médicas. Otros tipos de trabajadores cuidan de que no se produzcan desastres relacionados con el calor, como **incendios forestales**. Casi todos los veranos, se producen incendios forestales que destruyen tierras naturales y cosechas. Muchas veces, los incendios amenazan a las áreas pobladas e incluso a las grandes ciudades.

123°F
Temperatura más alta registrada en Australia, en Oodnadatta en 1960. (51°C)

30–60%
Pérdidas de las cosechas de manzanas y peras debido a una ola de calor que se produjo en Australia en enero de 2009.

$800 millones
Daños materiales estimados por la ola de calor de 2009.

$ $ $ $ $ $ $

4.555
Cantidad de muertes relacionadas con el calor en Australia desde 1900 hasta 2010.

En Australia, el verano es la temporada de los incendios forestales. Las olas de calor contribuyen con esta amenaza.

LAS OLAS DE CALOR

El índice de calor rastrea el calor extremo

El índice de calor usado por el SMN puede mostrarse en una tabla. Las áreas que aparecen en amarillo, tostado, anaranjado o rojo muestran la sensación térmica para los diferentes niveles de temperatura del aire y humedad. La temperatura del aire se muestra en la parte superior de la tabla. La humedad, también llamada humedad relativa, se muestra a la izquierda. Los números de la humedad son porcentajes. Comparan la cantidad de agua hay en el aire con la cantidad máxima de agua que puede tener el aire.

Para saber la sensación térmica correspondiente a una determinada temperatura y nivel de humedad, se debe buscar la columna que indique dicha temperatura arriba y luego la fila que indique dicha humedad, a la izquierda. El número indicado en el lugar donde la columna y la fila se encuentran será la sensación térmica. Por ejemplo, si la temperatura es de 90°F (32°C) y la humedad es del 70 por ciento, la sensación térmica será de 105°F (41°C). Ese es el calor que siente una persona a la sombra con una brisa suave. Con las sensaciones térmicas de la zona anaranjada y roja de la tabla, se corre un mayor riesgo de sufrir trastornos severos provocados por el calor.

ÍNDICE DE CALOR
Temperatura (°F)

Humedad relativa (%)	80	82	84	86	88	90	92	94	96	98	100	102	104	106	108	110
40	80	81	83	85	88	91	94	97	101	105	109	114	119	124	130	136
46	80	82	84	87	89	93	96	100	104	109	114	119	124	130	137	
50	81	83	85	88	91	95	99	103	108	113	118	124	131	137		
55	81	84	86	89	93	97	101	106	112	117	124	130	137			
60	82	84	88	91	95	100	105	110	116	123	129	137				
66	82	85	89	93	98	103	108	114	121	128	136					
70	83	86	90	95	100	105	112	119	126	134						
75	84	88	92	97	103	109	116	124	132							
80	84	89	94	100	106	113	121	129								
85	85	90	96	102	110	117	126	135								
90	86	91	98	105	113	122	131									
95	86	93	100	108	117	127										
100	87	95	103	112	121	132										

Posibilidad de trastornos provocados por el calor durante exposiciones prolongadas o actividad extenuante

■ Precaución   ■ Extrema precaución   ■ Peligro   ■ Extremo peligro

El Servicio Meteorológico Nacional emite diferentes tipos de alertas. Cuando es posible que haya una ola de calor en los próximos 3-7 días, emite un aviso de Pronóstico de Calor Excesivo. Una Advertencia de Calor Excesivo significa que puede haber una ola de calor en 24 a 72 horas. El SMN emite una Alerta de Calor Excesivo cuando se espera una ola de calor en las próximas 36 horas.

Los hospitales están atentos a las alertas para prepararse para recibir una mayor cantidad de pacientes.

Los agricultores siguen los informes del SMN para proteger las cosechas y los animales.

LAS OLAS DE CALOR 19

Datos curiosos

LA MAYOR CANTIDAD DE MUERTES

Entre 1979 y 2003, el calor excesivo provocó más de 8.000 muertes en los Estados Unidos. Esta cifra es mayor que todas las muertes provocadas por los huracanes, rayos, tornados, inundaciones y terremotos.

DEFINICIÓN DE "OLA DE CALOR"

La definición de ola de calor varía de un país a otro. En los Países Bajos, la temperatura se toma oficialmente en un solo pueblo. Si las temperaturas en De Bilt superan los 77°F (25°C) durante cinco días seguidos, los meteorólogos dicen que hay una ola de calor. En al menos tres de los cinco días, la temperatura debe superar los 86°F (30°C).

LAS SERPIENTES DE CASCABEL

Si no hubiera termómetros, los científicos podrían utilizar a las serpientes de cascabel para saber la temperatura. Las serpientes hacen sonar su cascabel unas 21 veces por segundo con 50°F (10°C). Por cada grado Fahrenheit que sube la temperatura, la serpiente hace sonar el cascabel 1 vez y media por segundo. Por cada grado Celsius, la hace sonar 2,6 veces.

LOS VIAJES AÉREOS

El aire caliente no es tan denso como el frío. El aire más delgado genera menos elevación, la fuerza que sostiene a un avión en el aire. Durante las olas de calor, los aviones necesitan recorrer una mayor distancia por la pista para tomar la velocidad necesaria para despegar.

HENO EN LLAMAS

El verano de 1995 fue tan caluroso en los Estados Unidos que, en varias regiones, se incendiaban los fardos de heno. El heno acumulaba gas metano generado por diminutos seres vivos. El calor excesivo provocó la combustión del gas, y le prendió fuego súbitamente.

LAS OLAS DE CALOR 21

Las olas de calor son más peligrosas durante la sobreexposición

La mayoría de la gente sana puede sobrevivir a una ola de calor. Pueden usar aire acondicionado o beber mucha agua. Pueden ducharse con más frecuencia, usar ventiladores y colocarse toallas húmedas para refrescarse. Todo esto ayuda a protegerse de la sobreexposición. La sobreexposición es la falta de protección contra el calor extremo durante un tiempo prolongado, que pone en riesgo la salud.

Las personas mayores tienen un mayor riesgo a la sobreexposición. Las temperaturas suben en verano, que es cuando mucha gente sale de vacaciones. En algunos lugares, puede haber menos gente que visite a los vecinos mayores y los ayuden, si es necesario. Muchas veces, los mayores viven solos y no tienen a nadie que verifique si están bien. Su cuerpo puede tener menos capacidad de adaptarse a los cambios de temperatura que el cuerpo de una persona joven. Los bebés y las mascotas también deben ser controlados con cuidado.

Las autoridades advierten limitar las actividades al aire libre durante las olas de calor.

La gente que trabaja o hace algún deporte extenuante al aire libre, especialmente en lugares soleados, corre peligro de sobreexposición. La actividad física aumenta la posibilidad de sufrir una insolación o un golpe de calor. Los trabajadores y deportistas deben tomarse más descansos que los habituales.

Las personas que residen en edificios muy poblados donde hay poco movimiento de aire, corren el riego de sobreexposición si no hay aire acondicionado. En algunos casos, la gente no puede pagar el transporte hasta los centros de refrigeración. Durante las olas de calor, el gobierno implementa planes de emergencia, con personas que ofrecen ayuda a los miembros de la comunidad e incluso los llevan a lugares con aire acondicionado para que se refresquen.

Sentarse a descansar y beber agua son medidas de seguridad importantes para los que practican deportes cuando hace mucho calor.

Las olas de calor dañan las cosechas y los bosques

La pérdida de vidas es la peor consecuencia de una ola de calor. Pero el calor extremo también puede causar grandes daños a la tierra. Los bosques pueden incendiarse. Las cosechas pueden quedar destruidas, especialmente si las plantas recién están comenzando a crecer cuando azota la ola de calor. El riesgo también es muy alto si el calor extremo ocurre durante la etapa de maduración.

El exceso de calor puede arruinar una cosecha entera. En los países pobres del mundo, las olas de calor pueden provocar **hambruna**. Esto, a su vez, puede generar muertes por inanición.

El calor puede hacer que las plantas tengan raíces más cortas. Esto puede hacer que las cosechas de maíz y otros granos sean más pequeñas.

OTROS TIPOS DE DESASTRES

Sequías

En muchos casos, las olas de calor y las sequías ocurren al mismo tiempo. Los efectos de estos dos desastres juntos pueden ser muy graves. Durante el evento conocido como el Gran Cuenco de Polvo de los años 30, la sequía coincidió con el extremo calor que azotó a la región de las Grandes Llanuras de los Estados Unidos. Las cosechas no crecían. El suelo se secó tanto que se volaba con el viento. Las tormentas de polvo destruían las granjas. Para sobrevivir, mucha gente abandonó la región y buscó trabajo en otro lado. Muchos se fueron a California.

Incendios forestales

Las olas de calor y las sequías pueden provocar incendios forestales. El calor y la falta de lluvias hace que el pasto, los arbustos y los árboles se resequen y a veces mueran. Las plantas se convierten en yesca, o material seco que se prende fuego con facilidad. Además, el fuego se disemina muy rápidamente por las zonas de plantas muertas o secas. Los incendios forestales de gran magnitud pueden destruir miles de acres (hectáreas) de tierra hasta ser controlados. El humo y las cenizas que generan estos incendios pueden afectar las vías respiratorias de la gente que vive en la zona.

Se solía culpar a la Estrella Perro por las olas de calor

Las civilizaciones antiguas solían crear mitos, o historias, sobre los eventos climáticos. A veces, estas historias relacionaban dichos eventos con el Sol, la Luna y las estrellas. En todo el mundo, se observaban y nombraban a las estrellas. Muchas veces, se creía que algunas estrellas tenían poderes especiales. En muchas culturas, se creía que la estrella Sirio provocaba las olas de calor.

Sirio, también conocida como la "Estrella Perro", es la estrella más brillante del cielo nocturno. Forma parte de la constelación del *Canis Major*. Una constelación es un grupo de estrellas que forman un patrón en el cielo. Muchos creen que la constelación de Sirio se parece a un perro, y *Canis Major* significa "perro grande" en latín. En América del Norte, la Estrella Perro sale por el este justo antes del amanecer en el verano. Es por eso que a veces la gente llama a los días de verano "días de perros".

En la antigua Roma, para demostrarle a la estrella Sirio que le tenían miedo, se sacrificaba a un perro. Creían que con este acto protegerían sus cosechas. En otros lugares, la Estrella Perro era considerada un buen augurio. En el antiguo Egipto, después de que aparecía en el cielo en verano, el río Nilo solía inundarse y eso era bueno para las cosechas.

Con frecuencia se puede ver a la estrella Sirio cerca del amanecer y el anochecer.

LA HISTORIA DE SIRIO Y EL LOBO DORADO

En la antigua Grecia, se relacionaba a Sirio con el calor, el fuego y la fiebre. Se temía que la estrella pudiera traer un verano caluroso y seco. Las plantas morirían y la gente se enfermaría.

Los antiguos griegos contaban leyendas sobre una criatura llamada el Lobo Dorado. El animal vivía en las Montañas del Tauro. Esta cadena montañosa está en el este de Grecia.

El Lobo Dorado era un animal hermoso y, además, tenía una enorme fuerza. Las armas comunes no le hacían daño.

A la única cosa o ser que el Lobo Dorado le tenía miedo era a Sirio. Los antiguos griegos creían que la estrella tenía grandes poderes. Sirio gobernaba al Lobo Dorado. Cuando la estrella salía por el este, obligaba al lobo a esconderse en su cueva subterránea.

Las olas de calor a lo largo del tiempo

900

900–1300
Durante una época llamada el período cálido medieval, América del Norte tenía un clima muy caluroso. Habían sequías muy largas que hacían que los lagos se secaran.

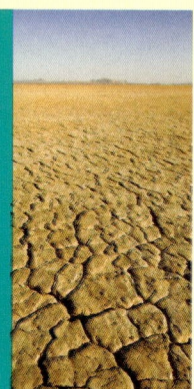

1858
Una ola de calor en Londres cocina las aguas residuales del río Támesis. El horrible olor que emanó se conoce como el Gran Hedor.

1850

1875

1896
Cerca de 1.500 personas mueren durante una ola de calor de 10 días en el mes de agosto en la ciudad de Nueva York. Este es el mayor número de víctimas fatales por calor en la historia de esta ciudad.

1936
Una ola de calor en América del Norte destruye las cosechas de varias regiones. El desastre empeora el difícil momento económico conocido como la Gran Depresión.

1925

2003
Una ola de calor golpea a Europa durante casi tres meses. El hielo de las montañas se derrite provocando aludes. Los incendios forestales dañan los bosques de muchas regiones.

1990

1995
Más de 600 habitantes de Chicago mueren en una ola de calor. Los hospitales se llenan y se corta la electricidad. Gran parte de las víctimas son personas mayores que vivían en departamentos pequeños.

2000

2010
Rusia alcanza un récord de temperaturas altas en julio. El calor extremo afecta al doble de la cantidad de tierra afectada en Europa en 2003.

2015

LAS FUERZAS DE LA NATURALEZA

Pon a prueba tus conocimientos

1 ¿Qué patrón climático provoca una ola de calor?

A. Un sistema de alta presión

2 ¿Qué término define el hecho de que las ciudades tienden a ser más calurosas que las zonas rurales?

A. Efecto de isla de calor

3 ¿Se puede evitar una ola de calor?

A. No

4 ¿En qué región de los EE.UU. se combinan el calor estival con un alto nivel de humedad?

A. El este

5 ¿En qué año hubo en Europa una importante ola de calor que duró casi tres meses?

A. 2003

6 ¿Dónde ocurrió la ola de calor más larga que se haya registrado?

A. Marble Bar, Australia

7 ¿Qué dos factores componen la sensación térmica en el índice de calor?

A. Temperatura del aire y humedad

8 ¿Qué tipo de desastre suele ocurrir cuando el calor extremo seca un bosque?

A. Incendios forestales

9 ¿El SMN emite una advertencia de ola de calor cuando se espera que la sensación térmica sea de cuánto durante, por lo menos, dos días?

A. 105°F (41°C) o más

10 ¿De qué otra forma se la llama a la estrella Sirio, que en la antigüedad se creía que provocaba las olas de calor?

A. La Estrella Perro

LAS OLAS DE CALOR 29

Arma un kit para desastres

El verano es la época con más posibilidades de que haya una ola de calor. Siempre es bueno estar preparado. A veces, la ola de calor puede interrumpir el servicio de luz y de agua. Ten preparado un kit de emergencia y aprende cómo evitar accidentes.

1 Haz una lista de las fuentes de noticias que ofrezcan información confiable durante un desastre.

2 Haz una lista de los números de teléfono de los servicios de emergencia de tu área.

3 Asegúrate de tener la ropa apropiada. Incluye además lentes de sol y **protector solar**, para cuando debas salir de casa.

4 Infórmate sobre las enfermedades que puedas tener tú o tu familia. Asegúrate de tener una buena cantidad de las medicinas que necesitan.

5 Arma un kit para desastres. Busca una radio o linterna a cuerda. Los aparatos a cuerda no necesitan baterías. Si usas aparatos con baterías, verifica que estén en buen estado durante todo el año. Asegúrate de que las baterías funcionen. Guarda el kit en un área fácil de llegar si se corta la luz.

Necesitarás
- radio
- linterna
- baterías de repuesto, si es necesario
- kit de primeros auxilios
- agua potable
- alimentos no perecederos

Palabras clave

atmósfera: la capa de aire que rodea la Tierra

fatal: que provoca la muerte

hambruna: desastre en el que mucha gente no tiene suficiente alimentos para comer

humedad: la cantidad de líquido que hay en el aire

incendios forestales: incendios descontrolados que afectan a los bosques, pastizales y otras áreas naturales

insolación: Malestar o enfermedad producidos por una exposición excesiva a los rayos solares.

meteorólogos: científicos que estudian el clima

protector solar: crema o aerosol que se pone en la piel para evitar que se queme con el sol

refleja: no permite que atraviese

sequías: largos períodos en los que no llueve o hay pocas lluvias

Índice

atmósfera 6
Australia 11, 12, 16, 17, 29

California 12, 14, 25
Chicago 28

España 10

Francia 4, 10

golpe de calor 9, 23
Gran Bretaña 10
Gran Cuenco de Polvo 25
Gran Depresión 28

humedad 4, 6, 7, 14, 18, 29

incendios forestales 17, 25, 28, 29
India 11
índice de calor 4, 18, 29
insolación 9, 23

La Antártida 16

meteorólogos 13, 20
Missouri 10, 15

Nueva York 5, 15, 28

Países Bajos 20
período cálido medieval 28
presión del aire 6

Rusia 11, 28

sensación térmica 4, 18, 29
sequías 16, 25, 28
serpientes de cascabel 21
Servicio Meteorológico Nacional (SMN) 4, 8, 18, 19, 29
Sirio 26, 27, 29
sobreexposición 22, 23

Verano Furioso 11

LAS OLAS DE CALOR

LIGHTBOX

➕ RECURSOS COMPLEMENTARIOS

Haga clic en el signo ➕ que se encuentra en la esquina inferior izquierda de cada hoja para abrir más recursos para docentes.

- Descargue e imprima los cuestionarios y actividades del libro
- Acceda a las correlaciones curriculares
- Explore otras aplicaciones web que optimizan la experiencia de Lightbox

TÍTULOS DIGITALES DE LIGHTBOX
Incluyen un paquete completo de medios integrados

VIDEOS

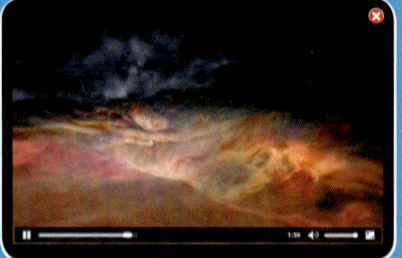

MAPAS INTERACTIVOS

ENLACES WEB

PRESENTACIONES EN DIAPOSITIVAS

CUESTIONARIOS

OPTIMIZADO PARA
- ✓ **TABLETAS**
- ✓ **PIZARRAS ELECTRÓNICAS**
- ✓ **COMPUTADORAS**
- ✓ **¡Y MUCHO MÁS!**

Published by Smartbook Media, Inc.
350 5th Avenue, 59th Floor New York, NY 10118
Website: www.openlightbox.com

Copyright © 2018 Smartbook Media, Inc.
All rights reserved. No part of this publication may be reproduced, stored in a retrieval system, or transmitted in any form or by any means, electronic, mechanical, photocopying, recording, or otherwise, without the prior written permission of the publisher.

Spanish Project Coordinator: Jared Siemens
Spanish Editor: Translation Cloud LLC
Project Coordinator: Aaron Carr
Art Director: Terry Paulhus

Library of Congress Control Number: 2017933913

ISBN 978-1-5105-2454-5 (hardcover)
ISBN 978-1-5105-1658-8 (multi-user ebook)

Printed in Brainerd, Minnesota, United States
1 2 3 4 5 6 7 8 9 0   21 20 19 18 17

032017
021317

Every reasonable effort has been made to trace ownership and to obtain permission to reprint copyright material. The publisher would be pleased to have any errors or omissions brought to its attention so that they may be corrected in subsequent printings.

The publisher acknowledges Getty Images as its primary image supplier for this title.